글쓴이 정연숙

100여 년 우리나라의 역사와 수많은 사람들의 이야기를 품은 옛 서울역.
옛 서울역의 발자취를 따라 자료를 찾고 글을 쓴 시간은 무척 소중한 경험이었습니다.
옛 서울역과 그곳을 오간 사람들에게 고마운 마음을 전합니다.
그동안 《편의점에서 경제도 파나요?》, 《오늘부터 해시태그》, 《꽃밥》, 《시끌시끌 소음공해 이제 그만》, 《은행나무의 이사》,
《우리를 잊지 마세요》 등을 썼습니다.

그린이 김고둥

학교에서 그림책을 배우고 그림을 그리고 있습니다. 오래오래 그리며 좋은 이야기를 나누고 싶습니다.
작품으로는 《초록 언덕 토끼 점빵》, 《첫눈 오는 날 찾아온 손님》, 《수달 씨 작가 되다》, 《도서관 고양이》, 《지느러미 달린 책》,
《있잖아, 누구씨》 등이 있습니다.

★ **일러두기**
- 본문에 나온 나혜석의 여행기는 어린이의 눈높이에 맞게 고쳐 썼습니다.
- 부록에 수록된 모든 사진은 '문화역서울284'의 소장 자료입니다.

똑똑한 책꽂이 34

100년의 시간을 품은 옛 서울역
여기는 서울역입니다

1판 2쇄 발행 2024년 5월 10일 | 1판 1쇄 발행 2023년 6월 29일
글 정연숙 | 그림 김고둥
펴낸이 김상일 | **펴낸곳** 도서출판 키다리
편집주간 위정은 | **편집** 이신아 | **디자인** 이기쁨 | **마케팅** 백민열, 장현아 | **관리** 김영숙
출판등록 2004년 11월 3일 제406-2010-000095호 | **제조국** 대한민국 | **사용연령** 5세 이상
주소 경기도 파주시 심학산로 10 | **전화** 031-955-9860(대표), 031-955-9861(편집) | **팩스** 031-624-1601
이메일 kidaribook@naver.com | **블로그** blog.naver.com/kidaribook
ISBN 979-11-5785-640-4 (77910)

• 이 책의 저작권은 키다리 출판사에 있습니다.
• 저작권법에 의해 한국 내에서 보호를 받는 저작물이므로 무단전재와 무단복제를 금합니다.
• 잘못된 책은 구매하신 곳에서 교환할 수 있습니다.

100년의 시간을 품은 옛 서울역

여기는 서울역입니다

정연숙 글 김고둥 그림

1925년 10월 15일

붉은 벽돌에 푸른 지붕, 커다랗고 둥근 벽시계.

기차 출발 시각에 맞춰 "뿌우뿌우" 기적 소리가 울리는 곳.

'경성역'이 문을 열었습니다.

으리으리한 2층 벽돌집을 보면,
소달구지를 끌고 가는 할아버지도, 전차 타러 가는 학생도
양산 쓴 멋쟁이 아가씨도 눈을 떼지 못해요.

양복을 입은 한 청년이 기차역으로 들어섰어요.
1층에 있는 찻집과 2층 양식당은 모던 보이와 모던 걸*이
즐겨 찾는 곳이에요.

이곳에서는 기차가 싣고 온 이국적이고 진귀한 물건과 다른 나라 소식을 빠르게 접할 수 있거든요.
청년은 재즈가 흐르는 양식당에서 천천히 커피를 마시며 글을 썼어요.

> 나는 메뉴에 적힌 몇 가지 안 되는 음식 이름을
> 치읽고 내리읽고 여러 번 읽었다.
> 그것들은 아물아물 하는 것이
> 어딘가 내 어렸을 때
> 동무들 이름과 비슷한 데가 있었다.
> — 이상, 소설 《날개》 중에서 —

*모던 보이 · 모던 걸
1920~1930년대 신식 교육을 받고 새로운 문물을 받아들여
카페, 백화점, 극장을 즐겨 찾으며 경성(서울의 옛 지명)의 유행을 이끈 젊은 세대.

1927년 6월 어느 밤
어둠을 뚫고 한 줄기 빛이 달려 나갑니다.
기차에 탄 화가는 가슴이 두근거리기 시작했어요.
책에서만 보던 예술 작품을 유럽의 미술관에서 직접 볼 수 있는 기회가 생겼거든요.
기차는 달리고 달려 중국을 지나 드넓은 시베리아 벌판을 가로질러
27일 만에 프랑스 파리에 도착했어요.

레오나르도 다빈치, 렘브란트의 그림을 보면
내 그림이 작고 초라하게 느껴진다.
하지만 난 포기하지 않겠다.
그림에 온 힘과 마음을 다할 것이다.

- 나혜석, 잡지 《삼천리》에 쓴 여행기 중에서 -

1927년 7월 어느 새벽

"빠아앙- 빵" 기적 소리와 함께 기차가 승강장에 들어섰어요.

사람들은 박수를 치며 기차를 반갑게 맞이했어요.

기차에는 미국에서 온 세계 여행가가 타고 있었죠.

"웨르스 씨, 반갑습니다. 지금 어디로 가는 중인가요?"

신문 기자의 질문에 웨르스 씨가 들뜬 얼굴로 말했어요.

"안녕하세요? 파리, 모스크바, 하얼빈을 지나 부산역으로 가고 있어요."

"세계 여행을 하는 특별한 이유가 있나요?"

웨르스 씨는 세계 지도를 활짝 펼치며 대답했어요.

"세계 일주는 제 오랜 꿈이었어요. 기차 덕분에 그 꿈을 빨리 이루게 됐어요."

이처럼 경성역은 아시아와 유럽 대륙을 잇는 중요한 국제 기차역이었어요.

하지만 삼천리 굽이굽이 뻗은 철도에는
우리 민족의 피와 눈물이 서려 있었습니다.
우리나라의 주권을 빼앗은 일본은
우리 땅에 마음대로 철도선을 그었어요.
우리나라의 곡식과 광물을 일본으로 가져가고
군인과 무기를 전쟁터로
빨리 실어 나르기 위해서였죠.
나라 잃은 사람들은 조상 대대로 농사짓던 땅을
하루아침에 빼앗기고, 철도 공사에 강제로 끌려갔어요.

1927년 어느 날

기차역에 한 남자가 도착했어요.

역은 개미 한 마리 빠져나가지 못할 만큼 감시가 삼엄했어요.

'흠……. 놈들이 알아챘군.'

남자는 마른침을 삼키며 검문대에 줄을 섰어요.

중국 상하이에 있는 대한민국임시정부에서 온 독립 운동가인

그에게는 중요한 임무가 있었어요.

일본이 우리나라를 통치하려고 세운 시설을 폭파하고

우리 민족을 억압하는 정치인을 없애는 것이었죠.

총칼로 무장한 일본 헌병들은 기차에서 내린 사람들의

옷과 가방을 뒤졌어요.

이제 남자가 검문 받을 차례예요.

"다음!"

남자는 고개를 들고 헌병 앞에 당당히 마주 섰어요.

1936년 2월 어느 날

기차역 삼등실 대합실로 사람들이 꾸역꾸역 모여들었어요.
이들은 고국을 떠나 낯선 땅으로 가기 위해
전 재산을 털어 마련한 기차표를 손에 꼭 쥐고 있었어요.
그런데 대합실 의자에 앉아 있던 여자가 갑자기 바닥으로 푹 쓰러졌어요.
"순구 엄마! 정신 차려라! 아이고, 이 일을 우짜노!
제발 도와주소! 지금 아기가 나올라 캅니더."
남자의 다급한 목소리에 사람들이 모여들었어요.
"날도 추운데 해산달에 어딜 가는 거요?"
누군가 걱정하며 묻자 남자가 깊은 한숨을 쉬었어요.
"집도 잃고 땅도 잃고……. 굶어 죽을 순 없어가 떠나는 깁니더."
경상도에서 온 순구네는
두만강 북쪽 지역인 북간도로 떠나는 길이었어요.
다행히 사람들의 도움으로 순구 엄마를 병원으로
서둘러 옮긴 덕에 아기가 무사히 태어났어요.

다음 날, 순구 엄마가 갓난아기를 품에 안고 기차에 올랐어요.
'고향에 다시 돌아갈 수 있을까.'
순구네 식구를 태운 기차가 아득히 멀어져 갔어요.

1945년 8월 15일

사람들이 집 안 깊숙이 숨겨 둔 태극기를 꺼내 들고 거리로 쏟아져 나왔어요.

"대한 독립 만세! 대한 독립 만세!"

빼앗긴 나라를 35년 만에 되찾은 거예요.

기차역은 사람들로 발 디딜 틈이 없었어요.
군수 공장, 탄광, 전쟁터로 끌려갔던 가족들을 기다리는 이들이 가득했죠.
무사히 돌아오기를 바라며 초조한 마음으로 시계를 자꾸 들여다봤어요.
마침내 기적 소리와 함께 기차가 승강장에 들어서자
사람들은 까치발을 하고 꿈에 그리던 얼굴을 애타게 찾았어요.
해방되고 2년이 지난 1947년 11월 1일,
경성역은 '서울역'이라는 새 이름을 갖게 되었습니다.

1950년 6월 25일

총소리와 폭격기 소리가 세상을 뒤엎었습니다.
우리나라가 남과 북으로 나뉘어 전쟁에 휩싸였어요.
사람들은 총탄을 피해 서울역으로 몰려들었어요.
남쪽으로 향하는 기차 안은 북새통이었어요.
위험을 무릅쓰고 기차 지붕에 올라탄 사람들도 많았죠.
보따리를 이고 진 사람들과 함께
서울역 시계도 기차에 실려 피난길에 올랐어요.
기차를 타지 못한 피난민들은 철로를 따라
남쪽으로 걷고 또 걸었습니다.

1964년 어느 새벽

한국 전쟁이 끝난 뒤,
폐허가 된 나라를 일으켜 세우기 위한 개발이 시작됐어요.
많은 사람들이 기차를 타고
경제 개발의 중심지인 서울로 모여들었어요.

꾸벅꾸벅 졸던 소녀 옥희가
털컹이는 기차 소리에 놀라 눈을 떴어요.
한강 위로 새벽빛이 밝아 오고 있었어요.
옥희는 가방 안에 넣어 둔 쪽지를 꺼냈어요.
쪽지에는 옆집 언니가 적어 준 주소가 적혀 있었죠.
옆집 언니는 서울에서 버스 안내양으로 취직해서
고향 집에 생활비를 보냈어요.
옥희도 서울로 가서 가난한 집안을 돕고 싶었어요.
하지만 친구들이 한사코 옥희를 말렸어요.
서울은 '눈을 뜨고 있어도 코를 베어 가는 무서운 곳'이라고요.
옥희는 창문 너머 한강을 바라보며 다짐했어요.
"여기서 꼭 성공할 거야."

1977년 봄날

한 가족이 시골에서 기차를 타고 서울역에 내렸어요.

큰아이는 고가 도로를 달리는 자동차를 보며 신기해하고

손가락으로 빌딩 층수를 세던 작은아이는 입이 떡 벌어졌어요.

서울은 하루가 다르게 달라졌어요.

'한강의 기적'이라며 외국에서도 찬사를 아끼지 않았죠.

기적을 이룬 건 국민 모두의 노력 덕분이었습니다.

고국을 떠나 먼 타국에서 일한 사람들의 노력도 있었지요.
두 아이의 아빠는 이제 곧 독일로 가요.
독일 탄광에서 광부로 일하면 우리나라에서보다 월급도 많이 받고
나라 살림에도 큰 도움이 되지요.
하지만 가족과 이별을 앞두고
아이들 아빠는 마음이 먹먹했습니다.

영희, 영수에게
엄마 말씀 잘 듣고 잘 지내고 있느냐?
엽서의 사진은 아빠가 타고 온 비행기란다.
아빠는 우리 가족과 행복하게 살기 위해 열심히 일하고 있단다.
꿈에서라도 보고 싶은 영희, 영수야.
다시 만날 때까지 부디 건강하렴.

1977년 5월

- 독일에서 아빠가 -

1987년 6월

서울역 광장 앞 도로까지 대학생들이 빼곡했어요.
"대통령을 우리 손으로!"
학생들이 구호를 외치자 "펑! 펑! 펑!" 하고 무서운 소리가 났어요.
경찰이 쏜 최루탄이 터지자 뿌옇고 매운 연기가 눈앞을 가렸고
학생들은 심한 기침과 눈물을 쏟았어요.
속은 메스껍고, 살갗은 불에 타는 듯했죠.

회사원들도 학생들과 함께 거리로 나와 구호를 외쳤고,
택시 운전사들은 구호에 맞춰 자동차 경적을 울렸어요.
모두가 힘을 합쳐 국민이 선거권을 갖고
대통령을 국민의 손으로 뽑는 '직접 선거'를 주장한 거예요.
서울뿐만 아니라 전국의 수많은 국민들이 민주주의를 위해
한 걸음 한 걸음 행진했습니다.

1991년 8월 어느 날

동수 씨는 조마조마한 마음으로 서울역에 도착했어요.

"우와! 광장까지 벌써 사람들이 꽉 찼어."

"우리도 얼른 줄 서자."

추석 연휴에 고향 가는 기차표를 사는 건 '하늘의 별 따기'예요.

기차역에 미리 와서 기차표를 예매해야 하죠.

올해는 동수 씨 혼자 가는 게 아니라 둘이서 갑니다.

결혼하고 처음으로 고향에 가거든요.

기차표 예매는 내일 아침 9시부터 시작되지만 동수 씨 부부는 하루 전부터 줄을 섰어요.

드디어 고향 가는 날.

두 사람의 고향은 바닷가 마을이에요.

기찻길 따라 마음도 고향으로 달려갑니다.

1996년 5월 어느 날
대학생 민호 씨는 스무 살 생일 기념으로
기차 여행을 떠났어요.
'나 홀로 여행'은 처음이라 무척 설렜죠.
기차에 탄 다른 사람들도 들뜬 얼굴이에요.
지도를 펴고 여행 계획을 세우는 가족,
어린 시절 친구들과 여행길에 오른 할아버지들,
도란도란 이야기 나누는 친구들…….
민호 씨는 음악을 듣다가
어느새 창밖 풍경으로 빠져들었습니다.

2000년 11월 어느 날

이순규 할머니는 색 바랜 기차 시트를 가만가만 쓰다듬었어요.

할머니는 산골 굽이굽이 긴 세월을 달려온 '비둘기호'의 단골손님입니다.

젊은 시절부터 장터에서 산나물을 팔려고, 주렁주렁 보따리를 이고 지고 기차를 탔죠.

비둘기호는 할머니가 새색시처럼 곱던 1967년에 처음 등장했어요.

서울과 부산을 5시간 45분 만에 달리는 특급 열차였지요.

하지만 점점 더 빠른 기차들이 생겨나 비둘기호는 가장 느린 기차가 됐어요.
산허리를 돌아 간이역마다 멈춰 서는 낡은 기차를 찾는 사람들도 점점 줄어들었죠.
오늘은 비둘기호가 달리는 마지막 날.
할머니는 정들었던 기차와 작별 인사를 나누었어요.
"네 덕분에 우리 오남매 공부도 시키고, 손주들 맛난 과자도 사 주고…….
그동안 애썼다. 열심히 사느라 너도 나도 애썼다, 애썼어."

비둘기호가 떠나자 간이역도 문을 닫았어요.
종이 기차표도 전자 티켓에게 자리를 내어 주고 사라졌지요.
이제 서울역도 마지막을 준비합니다.

"승객 여러분께 안내 말씀 드리겠습니다.
이 열차는 서울역에서 출발하는 마지막 열차입니다.
마지막까지 즐겁고 편안한 여행 하시길 바랍니다."

그동안 이곳에 얼마나 많은 사람들이 오갔을까요.
얼마나 많은 기억과 이야기가 쌓였을까요.

2003년 12월
오랜 시간 지켜 온 '서울역'이라는 이름을 새 기차역에게 물려주고
2층 벽돌집은 깊은 어둠에 잠깁니다.

크고 넓은 새 서울역에서 번개처럼 빠른 초고속열차를 타면
전국 어디든 원하는 곳에 금세 도착할 수 있어요.
게다가 새 서울역은 공항철도로 김포 국제 공항과 인천 국제 공항까지 이어져
전 세계를 연결하는 기차역이 되었지요.

2011년 8월

2003년 이후 깊이 잠들어 있던 2층 벽돌집이 깨어났어요.
열린 문 사이로 낯선 소리들이 흘러나왔어요.
흥겨운 판소리, 감미로운 재즈, 웅장한 오케스트라…….
옛 서울역이 문화가 흐르는 곳으로 거듭난 거예요.
사람들은 옛 서울역에 새 이름도 지어 주었습니다.
'문화역서울284'.

이제 옛 서울역에 가면 과거로 시간 여행을 떠날 수 있어요.
100여 년 전 어느 화가가 기차를 타고 유럽에서 본 그림을
현대적으로 새롭게 그린 작품을 마주하고,
시 쓰는 모던 보이가 들르던 찻집을 상상하며 커피를 마실 수 있죠.

지난 백여 년 동안
우리나라 역사의 중요한 무대였던
옛 서울역.

1925년 10월 15일에 처음 문을 연 기차역의 이야기는
오늘도 차곡차곡 쌓여 갑니다.

옛 서울역의 지난 100년

옛 서울역에 가 본 적 있나요? 옛 서울역은 우리나라 동서남북을 연결하는 교통의 중심지이자
우리 민족의 희로애락을 함께한 중요한 공간이었어요.
역사의 흐름에 따라 '경성역', '서울역', '문화역서울284'로 이름이 달라졌지요.
100여 년의 시간을 품은 옛 서울역에서 어떤 일들이 있었는지
함께 살펴볼까요?

1960년
'무궁화호' 첫 운행
(서울 ↔ 부산 6시간 40분 소요)

1955년
남북통일의 바람을 담은 특급 열차 '통일호' 첫 운행
(서울 ↔ 부산 7시간 소요)

1950년
전쟁 중 폭격으로 서울역의 시계가 파괴될까 봐
역무원들이 시계를 떼서 열차에 싣고 피난함

1947년
경성역에서 '서울역'으로 이름 변경

1946년
우리 기술로 만든 증기 기관차
'조선해방자호' 첫 운행
(서울 ↔ 부산 9시간 30분 소요)

1925년
남대문 정거장을 헐어 없애고 3년 공사 끝에
지하 1층, 지상 2층 높이의 경성역 완공

1923년
'경성역'으로 이름 변경

1905년
'남대문역'으로 이름 변경

1900년
나무로 지은 작은 기차역 '남대문 정거장' 영업 시작

1968년
서울역 부역장이 서울역 시계에게
'파말마'(소식을 전하기 위해 역과 역 사이를 달리는 말을 뜻함)라는 이름을 지어 줌

1969년
새마을호의 시초인 '관광호' 첫 운행 (서울 ↔ 부산 4시간 45분 소요)

1970년
경제 발전의 상징인 서울역 고가도로 개통

1974년
서울 지하철 1호선(서울역 ↔ 청량리) 개통

1981년
역사적으로 중요한 건축물로 인정받아 사적 제284호로 지정됨

1992년
한국고속철도 'KTX(Korea Train Express)' 공사 시작

2004년
옛 서울역 문 닫고 새 서울역에서 KTX 첫 운행
(서울 ↔ 부산 2시간 40분 소요)

2011년
옛 서울역, 문화 공간 '문화역서울 284'로 재탄생
(옛 서울역의 사적 번호 284를 따서 지음)

옛 서울역은 어떻게 생겼을까?

1925년 옛 서울역이 처음 문을 열었을 때 사람들은 기차를 보고 깜짝 놀랐어요. 커다란 쇳덩이가 하늘을 나는 새보다 훨씬 빨랐으니까요. 기차가 도착하고 출발하는 기차역은 신문 기사에도 크게 실릴 만큼 신기한 구경거리였어요. 옛 서울역의 모습을 한번 살펴볼까요?

▲ 스테인드글라스

중앙홀

기차역 문을 열면 천장에 아름다운 스테인드글라스가 환히 빛나는 중앙홀이 보여요. 높은 돌기둥 열두 개가 양옆으로 나란히 서 있는 모습이 아주 웅장하지요. 정문 양옆에는 매표소 창구가 자리하고 있어요.

▲ 중앙홀

▼ 1, 2등 대합실

▲ 3등 대합실

▲ 부인 대합실

대합실

중앙홀의 양옆에는 기차를 기다리는 승객들이 머무는 대합실이 있어요.
옛날에는 기차표 값에 따라 자리를 1, 2, 3등석으로 나누었어요.
중앙홀의 오른쪽에는 가장 값싼 3등석 표를 산 승객들이 기다리는 '3등 대합실'이 있어요.
3등 대합실은 누구나 이용할 수 있지만 1, 2등석을 구매한 승객은 성별을 나눠 따로 머물렀답니다.
중앙홀의 왼쪽에는 값비싼 1, 2등석 표를 산 남성 승객만 이용할 수 있는 '1, 2등 대합실'이 있어요.
그 옆에는 1, 2등석 여성 승객을 위한 '부인 대합실'이 따로 마련되어 있어요.

귀빈실

부인 대합실 옆에는 비밀스러운 대합실이 있어요.
폭신한 카페트가 깔린 바닥, 화려한 벽지, 대리석으로 만든 벽난로,
스테인드글라스로 장식된 출입구 상부……
특별하고 고급스러운 이곳은 바로 '귀빈실'이에요.
왕족이나 높은 신분의 관리가 기차를 기다리던 곳으로
고종의 딸 덕혜옹주도 일본으로 유학 가기 전 귀빈실에 머물렀어요.

▲ 귀빈실

▲ 그릴

양식당 '그릴'

자, 이번엔 계단을 올라 2층으로 가 볼까요?
맛있는 냄새가 솔솔 풍기는 이곳의 문을 열면 감미로운 음악이 들려와요.
바로 우리나라 최초의 양식당 '그릴'이랍니다.
화려한 샹들리에가 반짝이고 축음기에서는 유행가가 흘러나오는 고급 식당이죠.
200명이나 들어갈 수 있는 큰 규모에 요리사도 40명이나 있어요.
우리나라 최초로 지하 1층 조리실에서 만든 요리를 2층 식당으로 올려다 주는
음식용 엘리베이터도 설치되어 있어요.

특별한 여행을 하고 싶다면 옛 서울역인 '문화역서울284'에 가 보세요. 이곳에서는 문화 여행뿐만 아니라 과거로 시간 여행도 떠날 수 있어요.
문화역서울284 홈페이지 www.seoul284.org | **주소** 서울특별시 중구 통일로 1 | **전화번호** 02-3407-3500